Impressum
Verlag: BABADADA GmbH, Nedderfeld 112 , 22529 Hamburg
Geschäftsführer / Verlagsleitung: Harald Hof
Druck: Books on Demand GmbH, In de Tarpen 42, 22848 Norderstedt

Imprint
Publisher: BABADADA GmbH, Nedderfeld 112 , 22529 Hamburg, Germany
Managing Director / Publishing direction: Harald Hof
Print: Books on Demand GmbH, In de Tarpen 42, 22848 Norderstedt

mekdep
colegio

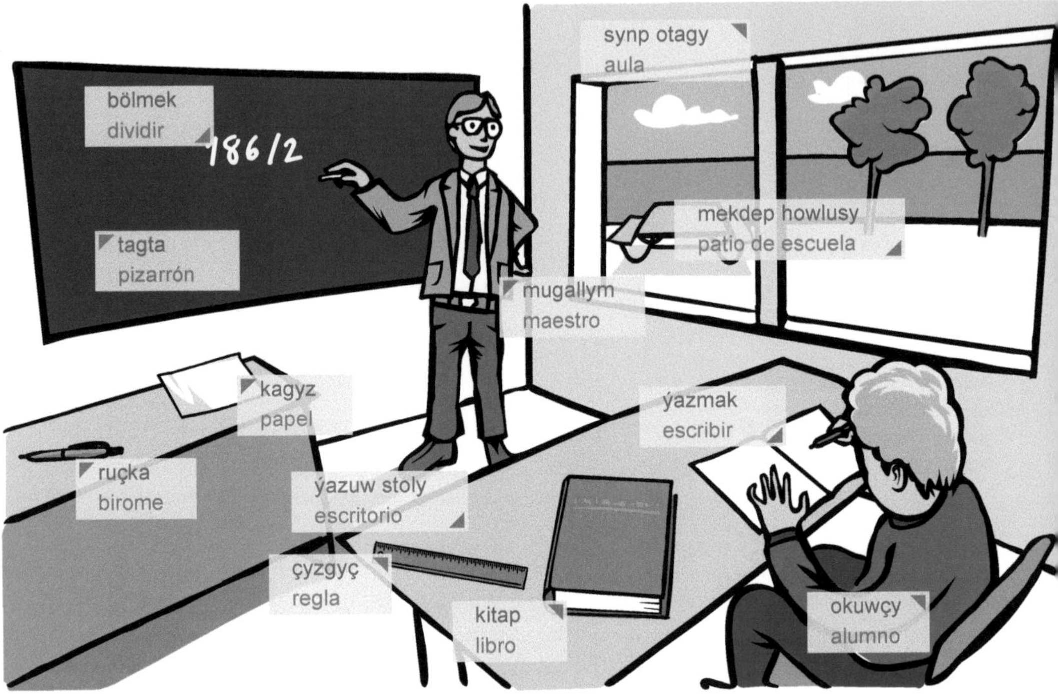

synp otagy
aula
bölmek
dividir
186/2
tagta
pizarrón
mekdep howlusy
patio de escuela
mugallym
maestro
kagyz
papel
ýazmak
escribir
ruçka
birome
ýazuw stoly
escritorio
çyzgyç
regla
kitap
libro
okuwçy
alumno

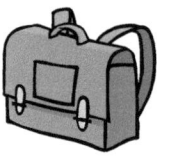

ranes

mochila

penal

caja de lápices

galam

lápiz

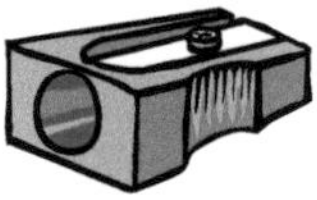

galam artylýan

sacapuntas

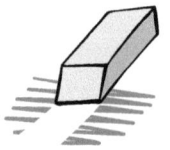

bozguç

goma (de borrar)

surat çekmek üçin albom

bloc de dibujo

surat

dibujo

çotgajyk

pincel

reňkli guty

caja de pinturas

gaýçy

tijera

ýelim

pegamento

depder

cuaderno de ejercicios

öý işi

tarea

san

número

goşmak

sumar

aýyrmak

restar

köpeltmek

multiplicar

hasaplamak

calcular

harp

letra

elipbiý

abecedario

söz

palabra

tekst

texto

okamak

leer

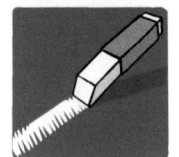

hek

tiza

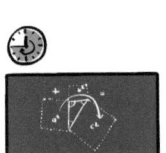

sapak

lección

synp dergisi

cuaderno de clase

synag

examen

diplom

certificado

mekdep lybasy

uniforme escolar

bilim

educación

ensiklopediýa

enciclopedia

uniwersitet

universidad

mikroskop

microscopio

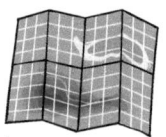

karta

mapa

kagyz üçin sebet

tacho (de basura)

syýahat
viaje

myhmanhana
hotel
Grand
syýahatçylyk bazasy
hostel
ROOMS
walýuta çalyşmak üçin bent
casa de cambio
EXCHANGE
çemedan
valija
awtomobil
auto

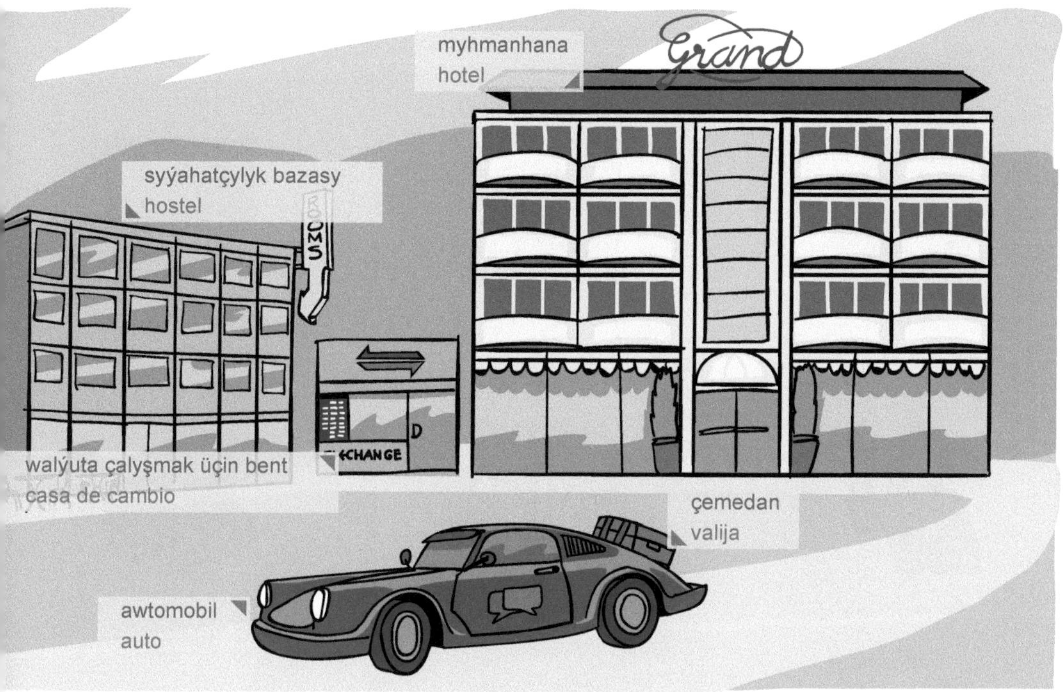

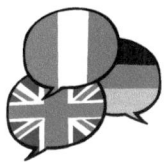

dil

idioma

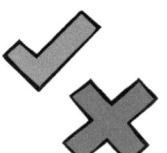

hawwa / ýok

sí / no

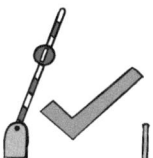

bolýa

Está bien

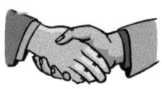

salam

hola

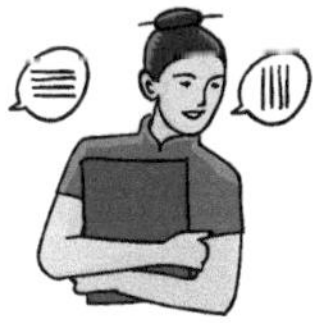

terjimeçi

traductor

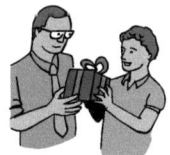

Minnetdar

Gracias

bahasy näçe?

¿cuánto cuesta…?

men düşünmeýärin

No entiendo

mesele

problema

Agşamyňyz haýyr!

¡Buenas tardes!

Ertiriňiz haýyrly!

¡Buenos días!

Gijäňiz rahat bolsun!

¡Buenas noches!

görüşýänçäk

adiós

ugur

dirección

ýük

equipaje

torba

bolso

eginden asylýan torba

mochila

myhman

invitado

otag

habitación

halta ýorgan

bolsa de dormir

çadyr

carpa

syýahatçylyk maglumaty

información turística

kenarýaka

playa

karz karty

tarjeta de crédito

ertirlik

desayuno

günortanlyk

almuerzo

agşamlyk

cena

petek

pasaje

lift

ascensor

poçta markasy

sello

çäk

frontera

gümrük

aduana

ilçihana

embajada

wiza

visa

pasport

pasaporte

ulag
transporte

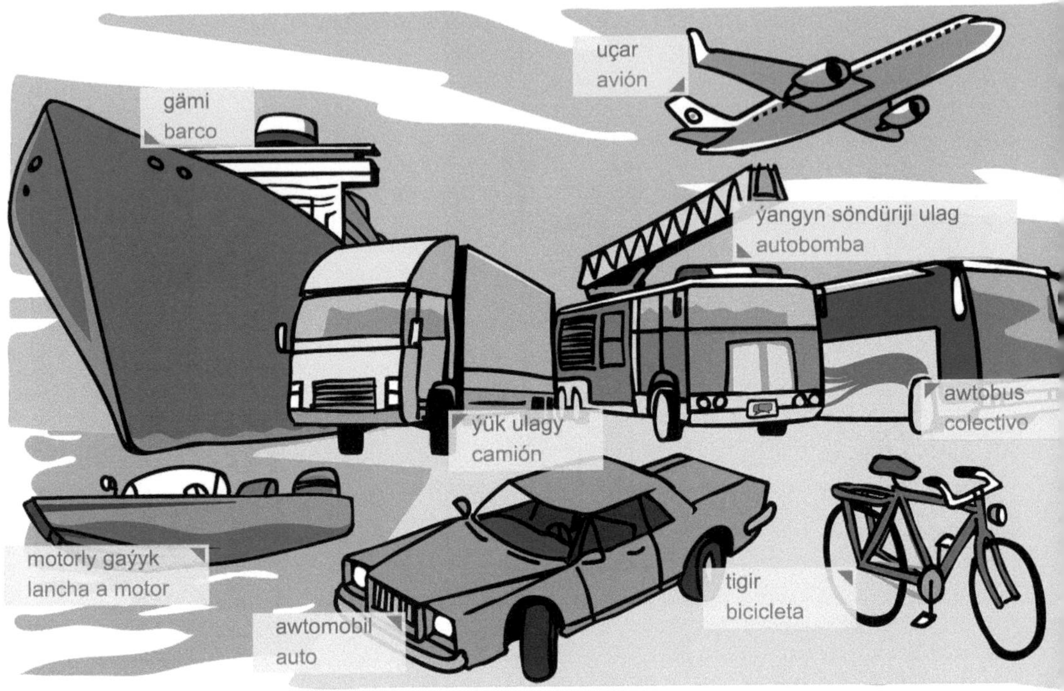
uçar
avión
gämi
barco
ýangyn söndüriji ulag
autobomba
awtobus
colectivo
ýük ulagy
camión
motorly gaýyk
lancha a motor
tigir
bicicleta
awtomobil
auto

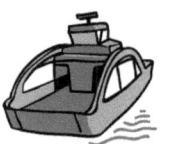

parom

ferry

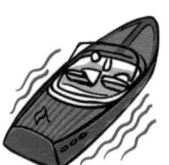

gaýyk

bote

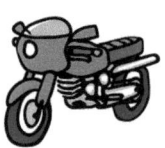

motosikl

moto

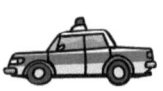

polisiýa ulagy

patrullero

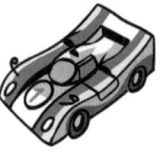

çapyşyk

auto de carreras

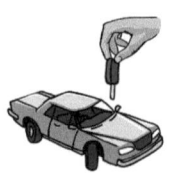

kärendä alnan ulga

auto de alquiler

ulagy bilelikde ulanmak

alquiler de autos

tirkeg ulagy

grúa

zir-zibil daşaýan ulag

camión de basura

hereketlendiriji

motor

ýangyç

nafta

guýma

estación de servicio

ýol belgisi

señal de tránsito

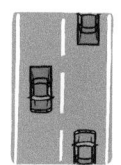

hereket

tránsito

dyky

embotellamiento

awtoduralga

estacionamiento

menzil

estación de tren

seplem

vías

otly

tren

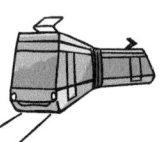

tramwaý

tranvía

wagon

vagón

dik uçar

helicóptero

howa menzili

aeropuerto

minara

torre

ýolagçy

pasajero

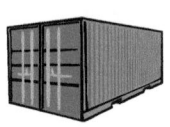

konteýner

contenedor

guty

caja de cartón

araba

carretilla

sebet

canasta

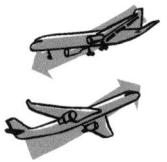

uçmak / gonmak

despegar / aterrizar

şäher
ciudad

oba

pueblo

şäher merkezi

centro de ciudad

öý

casa

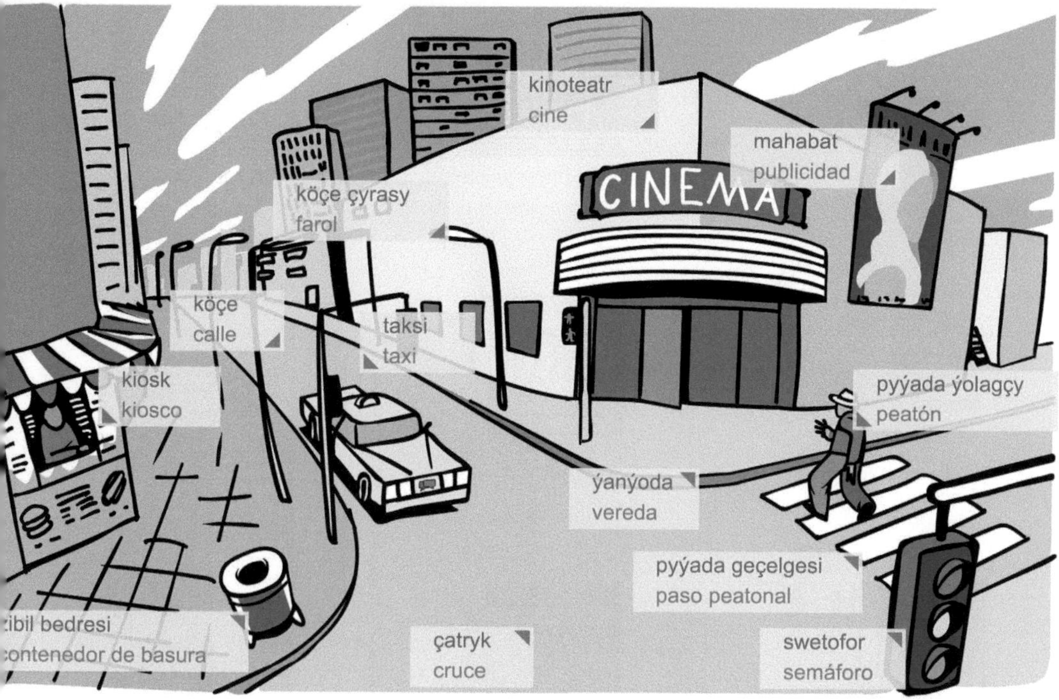

kinoteatr
cine

mahabat
publicidad

köçe çyrasy
farol

köçe
calle

taksi
taxi

kiosk
kiosco

pyýada ýolagçy
peatón

ýanýoda
vereda

pyýada geçelgesi
paso peatonal

cibil bedresi
contenedor de basura

çatryk
cruce

swetofor
semáforo

CINEMA

kepbe

cabaña

öý

departamento

menzil

estación de tren

şäher häkimligi

municipalidad

muzeý

museo

mekdep

colegio

uniwersitet

universidad

bank

banco

hassahana

hospital

myhmanhana

hotel

dermanhana

farmacia

ofis

oficina

kitap dükany

librería

dükan

negocio

gül dükany

florería

supermarket

supermercado

bazar

mercado

uniwermag

grandes tiendas

balyk söwdagäri

pescadería

söwda merkezi

centro comercial

port

puerto

park

parque

oturgyç

banco

köpri

puente

merdiwan

escaleras

metro

subte

ötük

túnel

awtobus

parada del colectivo

bar

bar

restoran

restaurante

poçta gutusy

buzón

köçäni adyny görkezýän ýazgy

letrero

parkometr

parquímetro

haýwanat bagy

zoológico

basseýn

pileta

metjit

mezquita

ferma

granja

daşky gurşawyň
hapalanmagy

contaminación

gonamçylyk

cementerio

buthana

iglesia

çaga meýdançasy

juegos infantiles

ybadathana

templo

landşaft
paisaje

ýaprak
hoja

ýol görkeziji
poste indicador

ýol
camino

ýaýla
pradera

daş
piedra

syýahatçy
excursionista

agaç
árbol

derýa
río

ot
hierba

gül
flor

dere

valle

dag

montaña

köl

lago

tokaý

bosque

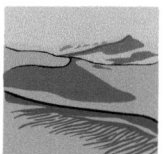

çöl

desierto

wulkan

volcán

gulp

castillo

älemgoşar

arco iris

kömelek

champiñón

palma agajy

palmera

çybyn

mosquito

sinek

mosca

garynja

hormiga

bal arysy

abeja

möý

araña

tomzak

escarabajo

gurbaga

rana

awusiýdik

ardilla

kirpi

erizo

towşan

liebre

baýguş

lechuza

guş

pájaro

guw

cisne

ýekegapan

jabalí

sugun

ciervo

los

alce

bent

presa

şemal generatory

aerogenerador

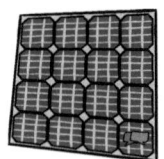

gün batareýasy

panel solar

howa

clima

restoran
restaurante

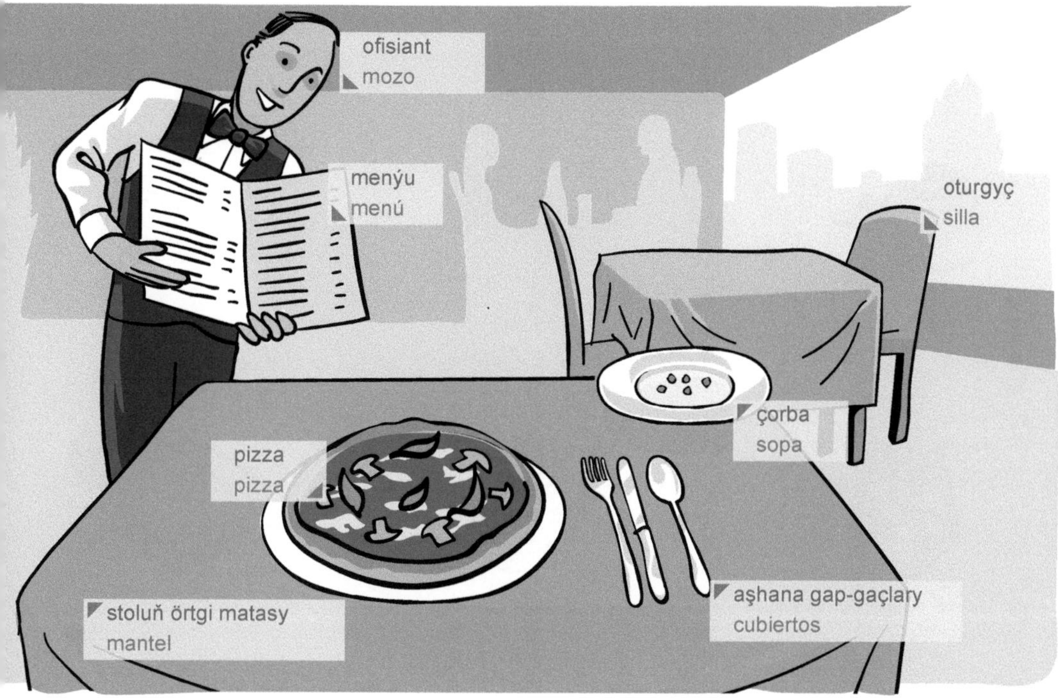

ofisiant
mozo
menýu
menú
oturgyç
silla
çorba
sopa
pizza
pizza
stoluň örtgi matasy
mantel
aşhana gap-gaçlary
cubiertos

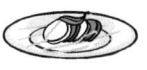

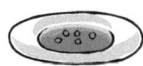

garbanma

entrada

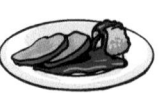

esasy tagam

plato principal

süýjülik

postre

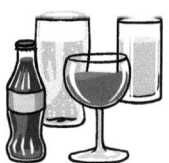

içgiler

bebidas

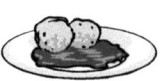

nahar

comida

süýşe

botella

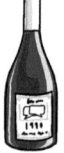

tiz tagam

comida rápida

köçe iýmiti

comida callejera

çäýnek, kitir

tetera

şeker gaby

azucarera

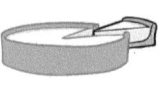

porsiýa

porción

kofe gaýnadyjy

cafetera expreso

çaga oturgyjy

sillita alta

hasap

cuenta

mejme

bandeja

pyçak

cuchillo

çarşak

tenedor

çemçe

cuchara

çaý çemçesi

cucharita

salfetka

servilleta

bulgur

vaso

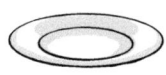

tarelka

plato

çorba tarelkasy

plato hondo

tabajyk

plato

sous

salsa

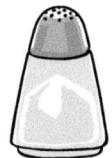

duz gaby

salero

burçy üweýji

molinillo de pimienta

sirke

vinagre

ýag

aceite

huruş

especias

ketçup

kétchup

gorçisa

mostaza

maýonez

mayonesa

supermarket
supermercado

ýörite teklip
oferta especial
FOR
alyjy
cliente
süýt önümleri
lácteos
miweler
fruta
satyn alnan zatlar üçin araba
changuito

BUTCHERS

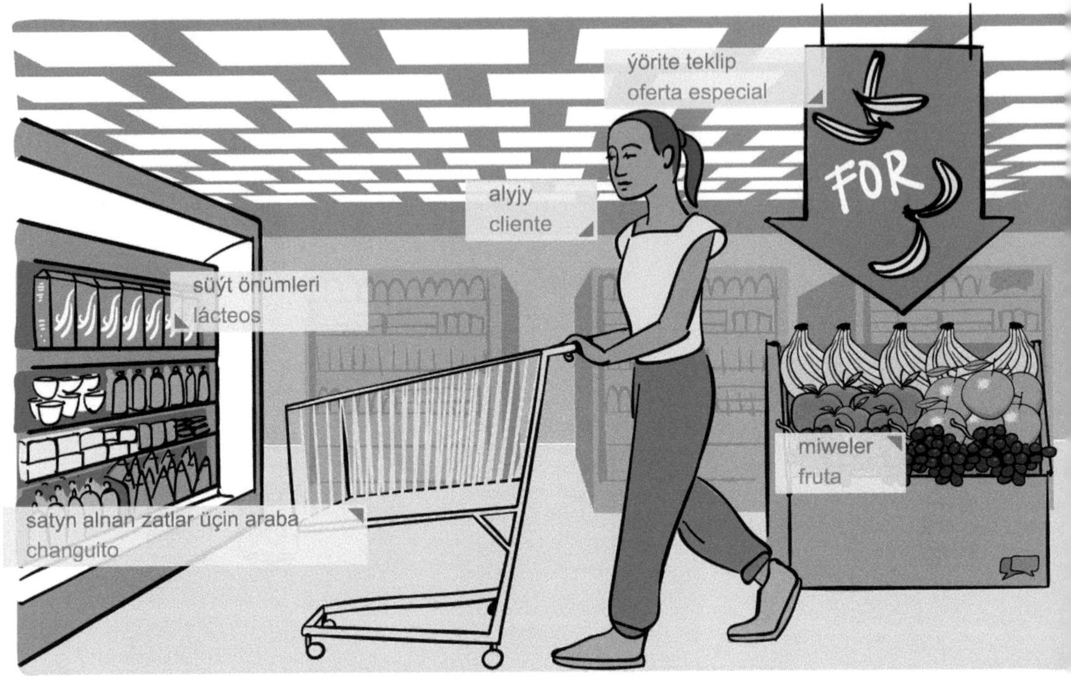

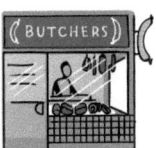

et dükany

carnicería

BAKERY

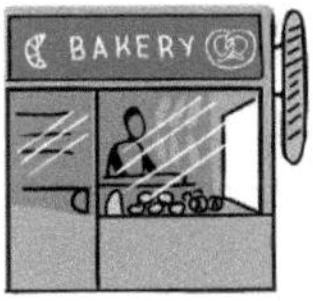

çörek kärhanasy

panadería

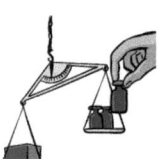

ölçemek

pesar

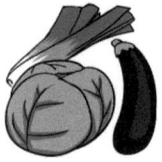

gök önümler

verduras

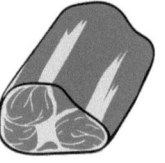

et

carne

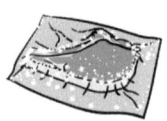

tiz doňýan önümler

alimentos congelados

kesme

fiambres

konserwirlenen önümler

alimentos enlatados

kir ýuwujy toz

detergente en polvo

süýjülikler

golosinas

öýde ulanylýan zat

electrodomésticos

ýuwujy serişde

productos de limpieza

satyjy aýal

vendedora

kassa

caja

pulhanaçy

cajero

satyn alynmaly zatlar

lista de compras

iş wagty

horario de atención

gapjyk

billetera

karz karty

tarjeta de crédito

sumka

cartera

polietilen paket

bolsa de plástico

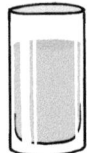

suw

agua

şire

jugo

süýt

leche

koka-kola

bebida cola

wino

vino

piwo

cerveza

alkogol

alcohol

kakao

cacao

çaý

té

kofe

café

espresso

café expreso

kapuçino

cappuccino

banan

banana

alma

manzana

pyrtykal

naranja

garpyz

melón

limon

limón

käşir

zanahoria

sarymsak

ajo

bambuk

bambú

sogan

cebolla

kömelek

champiñón

hoz

nueces

ıın aş

fideos

spagetti

tallarines

tüwi

arroz

işdäaçar

ensalada

gowurylan ýer alma

papas fritas

gowurylan ýer alma

papas fritas

pizza

pizza

gamburger

hamburguesa

sendwiç

sándwich

üweme

churrasco

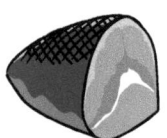

wetçina

jamón

salýami

salame

şöhlat

salchicha

towuk

pollo

gowrulyp taýýarlanýan nahar

asado

balyk

pescado

süle patragy

copos de avena

mýusli

muesli

mekgejöwen patragy

copos de maíz

un

harina

kruassan

medialuna

bulka

pancito

çörek

pan

tost

tostada

köke

galletitas

ýag

manteca

dorog

cuajada

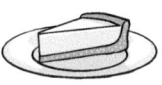

pirog

torta

ýumurtga

huevo

heýgenek

huevo frito

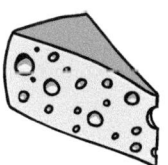

peýnir

queso

doňdurma

helado

şeker

azúcar

bal

miel

marmelad

mermelada

nogully krem

pasta de chocolate

karri

curry

ferma
granja

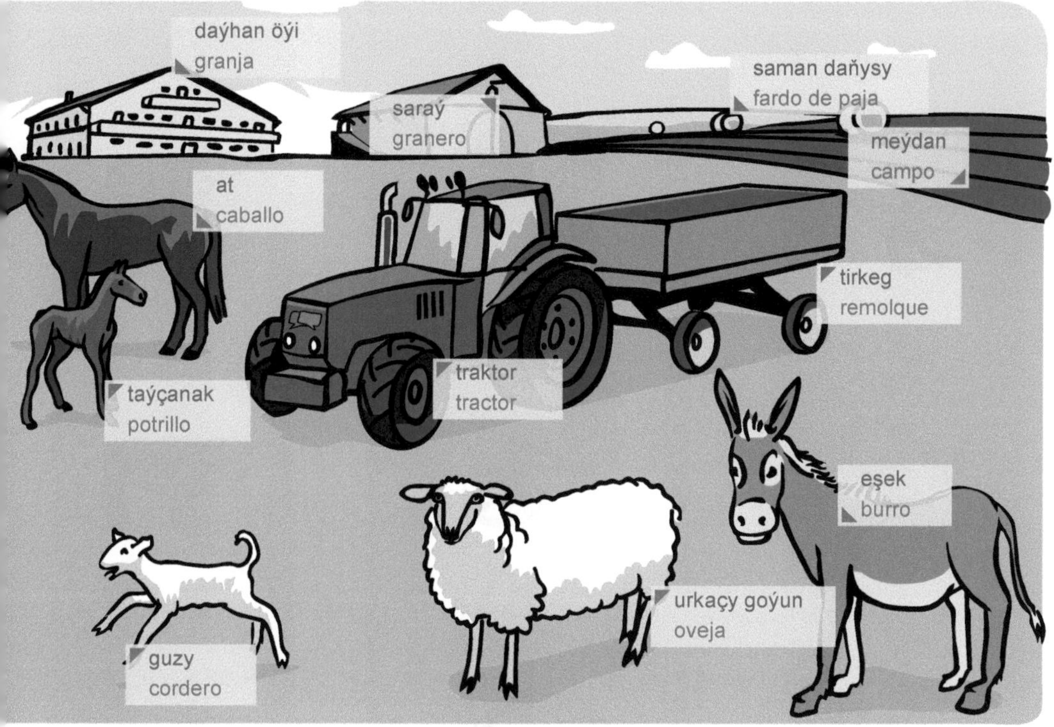
daýhan öýi
granja
saraý
granero
saman daňysy
fardo de paja
meýdan
campo
at
caballo
tirkeg
remolque
taýçanak
potrillo
traktor
tractor
eşek
burro
urkaçy goýun
oveja
guzy
cordero

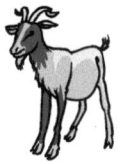

geçi

cabra

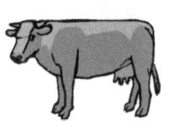

sygyr

vaca

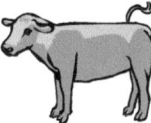

göle

ternero

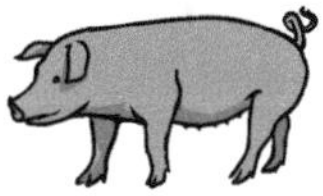

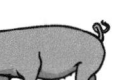

doňuz

cerdo

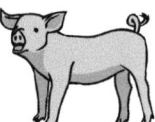

jojuk

lechón

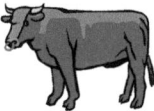

öküz

toro

gaz
ganso

ördek
pato

jüýje
pollo

towuk
gallina

horaz
gallo

alaka
rata

pişik
gato

syçan
ratón

öküz
buey

it
perro

it ýatagy
cucha

bag şlangy
manguera

guýgyç
regadera

orak
guadaña

azal
arado

orak

hoz

kätmen

azada

dökün çarşagy

horquilla

palta

hacha

galtak

carretilla

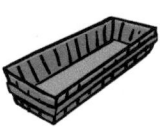

kersen

abrevadero

süýt üçin tüňňür

lechera

halta

bolsa

haýat

reja

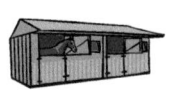

çörek

establo

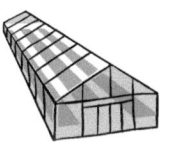

ýyladyşhana

invernadero

toprak

suelo

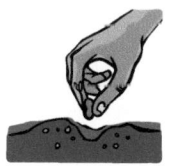

ekin

semilla

dökün

fertilizador

kombaýn

cosechadora

hasyl ýygnamak

cosechar

galla

cosecha

ýams

batatas

bugdaý

trigo

soýa

soja

ýeralma

papa

mekgejöwen

maíz

raps

semilla de colza

miwe agajy

árbol frutal

manioka

mandioca

däneli ösümlikler

cereales

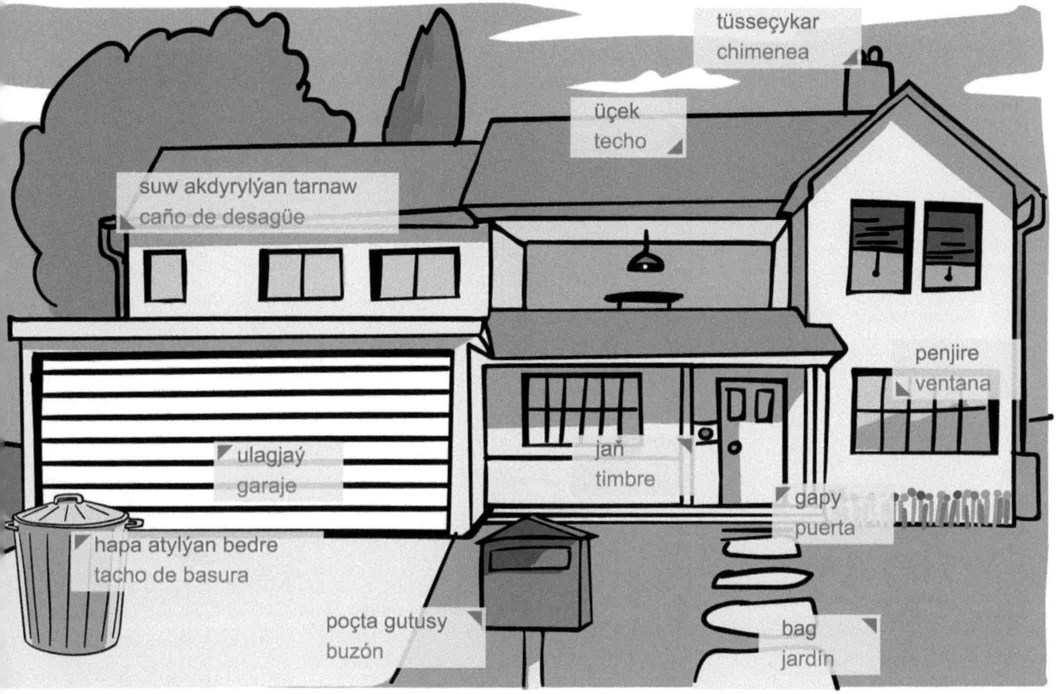

tüsseçykar
chimenea

üçek
techo

suw akdyrylýan tarnaw
caño de desagüe

penjire
ventana

ulagjaý
garaje

jaň
timbre

gapy
puerta

hapa atylýan bedre
tacho de basura

poçta gutusy
buzón

bag
jardín

myhman otagy

living

wanna otagy

baño

aşhana

cocina

ýatalga otagy

dormitorio

çaga otagy

cuarto de los chicos

naharhana

comedor

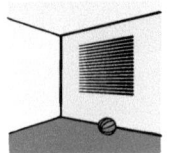

pol

piso

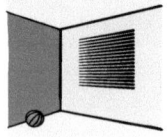

diwar

pared

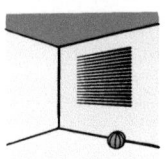

potolok

cielorraso

ýerzemin

sótano

hamam

sauna

balkon

balcón

eýwan

terraza

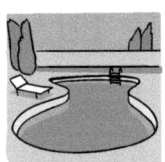

howdan

pileta

gazon orujy

cortadora de pasto

ýorgan daşlygy

sábana

örtgi

acolchado

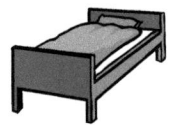

ýatakça

cama

sübse

escoba

bedre

balde

öçüriji

interruptor

myhman otagy
living

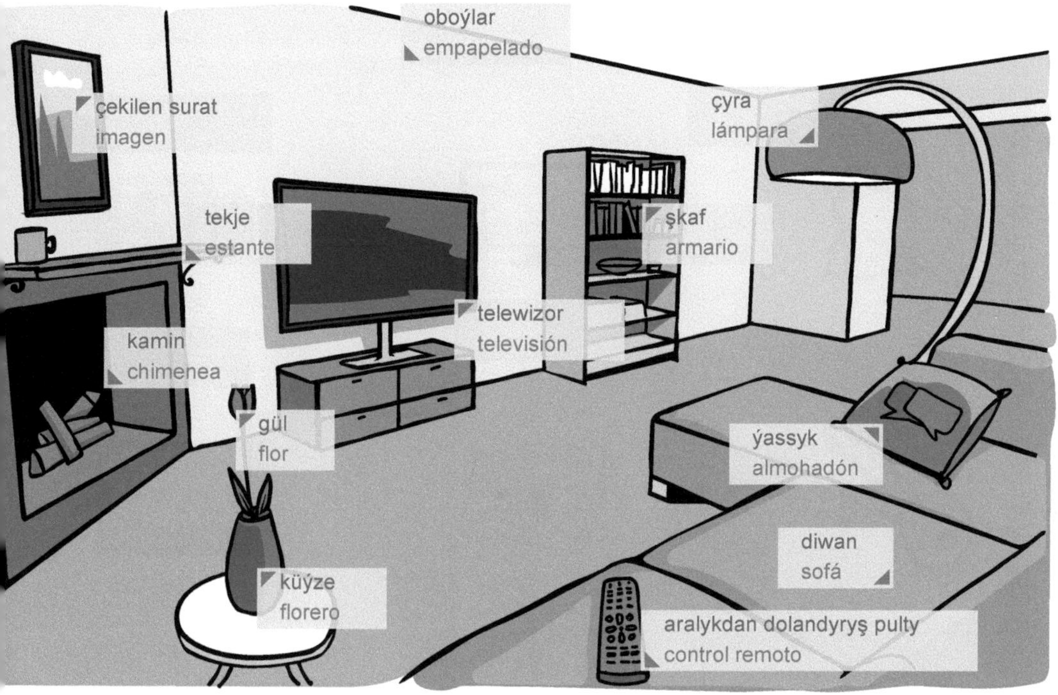

oboýlar
empapelado
çekilen surat
imagen
çyra
lámpara
tekje
estante
şkaf
armario
telewizor
televisión
kamin
chimenea
gül
flor
ýassyk
almohadón
diwan
sofá
küýze
florero
aralykdan dolandyryş pulty
control remoto

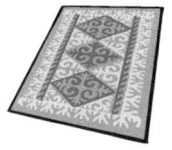

haly
alfombra

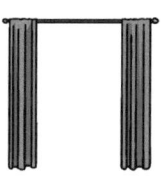

tuty
cortina

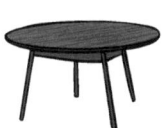

stol
mesa

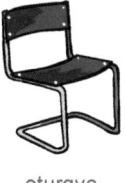

oturgyç
silla

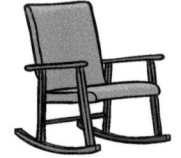

öňe-yza gaýdýan kürsi
mecedora

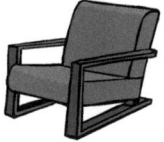

kürsi
sillón

kitap

libro

örtgi

frazada

bezeg

decoración

odun

leña

film

película

stereo ulgam

equipo de música

açar

llave

gazet

diario

surat

pintura

ündewsurat

póster

radio

radio

bloknot

cuaderno

tozan sorujy

aspiradora

kaktus

cactus

şem

vela

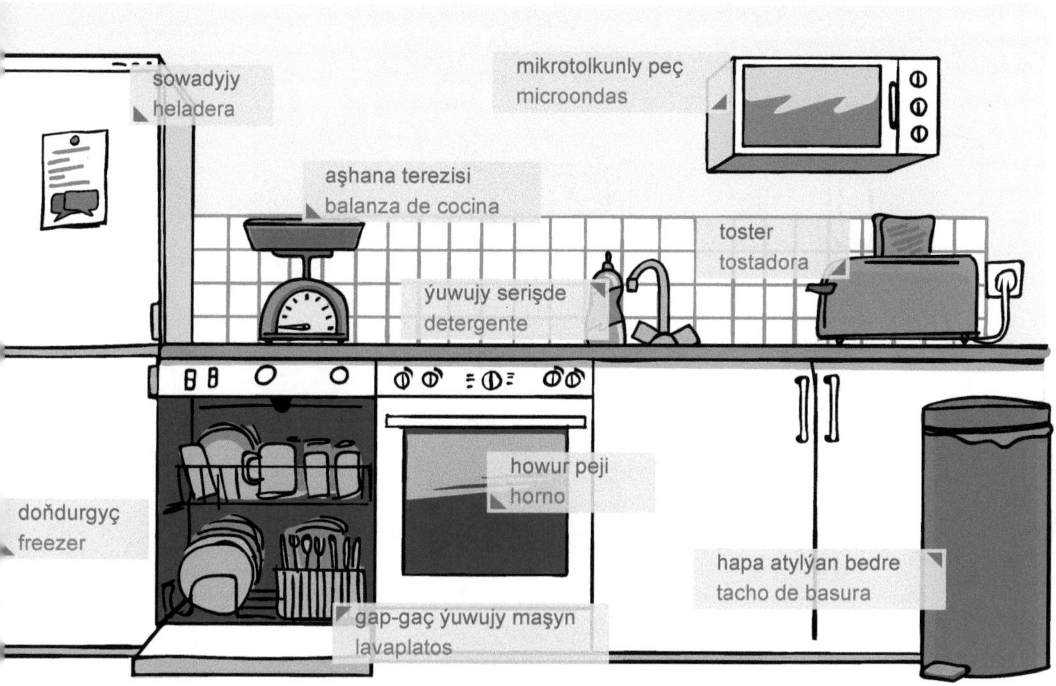

sowadyjy
heladera

mikrotolkunly peç
microondas

aşhana terezisi
balanza de cocina

toster
tostadora

ýuwujy serişde
detergente

doňdurgyç
freezer

howur peji
horno

hapa atylýan bedre
tacho de basura

gap-gaç ýuwujy maşyn
lavaplatos

plita
cocina

piti
olla

çoýun gazany
olla de hierro fundido

wok / kadaý
wok

saç
sartén

çäýnek, kitir
pava

bugda bişiriji

vaporera

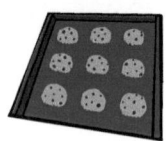

protiwen

bandeja de horno

gap-gaç

vajilla

kürşge

taza

jam

bol

nahar iýilýän taýajyklar

palitos

susak

cucharón

piljagaz

estpátula

ýaýylýan maşyn

batidora

elek

colador

elek

colador

gyrgyç

rallador

soky

mortero

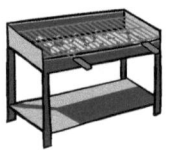

gril

parrilla

ot

fogata

tagta

tabla de picar

oklaw

palo de amasar

ştopor

sacacorchos

tüneke banka

lata

konserwa pyçagy

abrelatas

tutguç

manopla

rakowina

pileta

çotga

cepillo

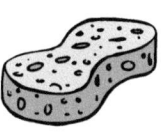

gubka

esponja

mikser

batidora

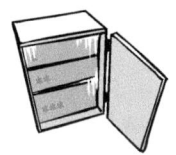

doňdurma kamerasy

congelador

çagany iýmitlendirmek üçin çüýşejik

mamadera

kran

canilla

aşhana - cocina

wanna otagy
baño

ýyladyş
calefacción
süpürgiç
toalla
duş
ducha
duş üçin tuty
cortina de ducha
köpürjikli wanna
baño de espuma
wanna
bañadera
bulgur
vaso
kir ýuwulýan maşyn
lavarropas
kran
canilla
plitka
baldosas
küýze
pelela
rakowina
pileta

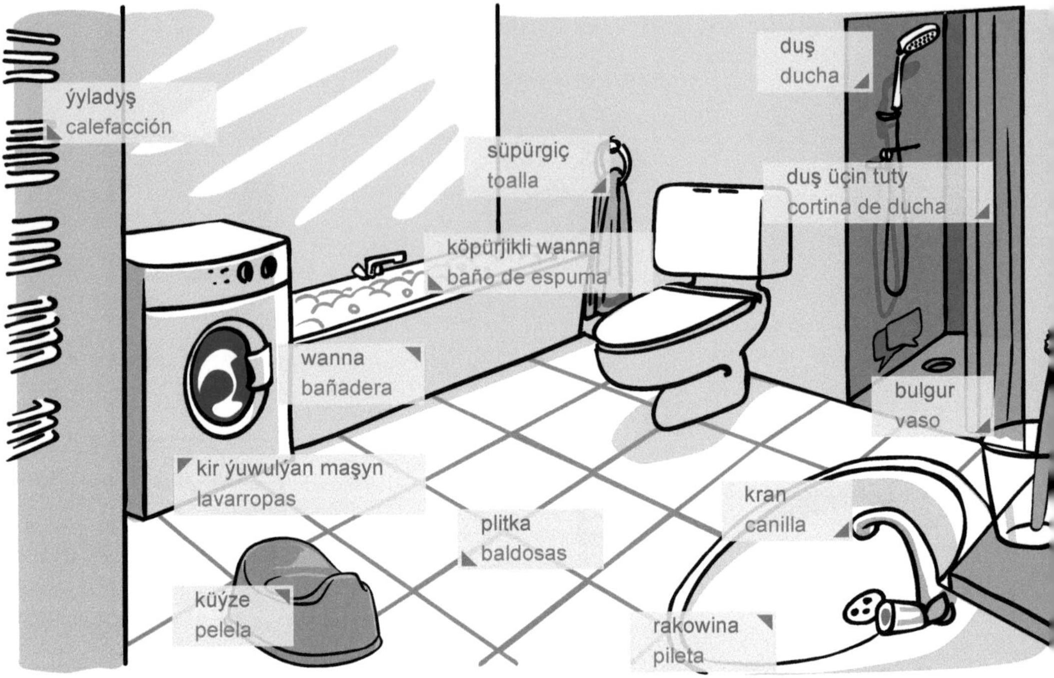

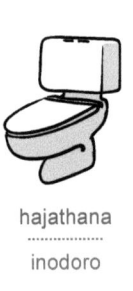

hajathana

inodoro

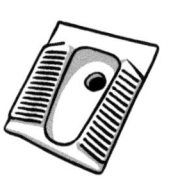

polda oturdylýan unitaz

letrina

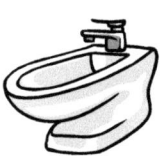

bide

bidé

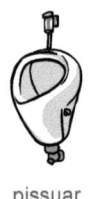

pissuar

mingitorio

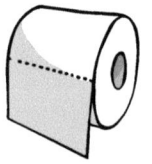

hajathana kagyzy

papel higiénico

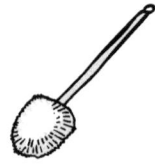

hajathana çotgasy

cepillo para el inodoro

diş çotgasy

cepillo de dientes

diş pastasy

dentífrico

diş sapagy

hilo dental

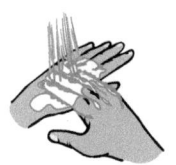

ýuwmak

lavar

el duşy

ducha de mano

şahsy duş

ducha higiénica

legen

palangana

arka üçin çotga

cepillo para espalda

sabyn

jabón

duş üçin gel

gel de ducha

şampun

shampoo

moçalka

toallita

akyş

desagüe

krem

crema

dezodorant

desodorante

aýna

espejo

el aýnasy

espejito

päki

maquinita de afeitar

sakgal syrmak üçin köpürjik

espuma de afeitar

sakgal syrylanyndan soňky losýon

aftershave

darak

peine

çotga

cepillo

fen

secador de pelo

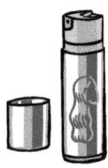

saç üçin lak

spray

kosmetika

maquillaje

dodaga çalynýan reňk

lápiz de labios

dyrnaga çalynýan reňk

esmalte para uñas

pamyk

algodón

manikýur gaýçysy

tijera para uñas

atyr

perfume

kosmetika üçin gutujyk

portacosméticos

oturgyç

banqueta

terezi

balanza

halat

bata

rezin ellik

guantes de goma

tampon

tampón

gigiýena prokladkasy

toallita femenina

biohajathana

baño químico

çaga otagy
cuarto de los chicos

oýaryjy
despertador
ýumşak oýnawaç
peluche
oýnawaç awtoulag
coche de juguete
şakyrdawukly oýnawaç
sonajero
gurjak öýi
casa de muñecas
sowgat
regalo

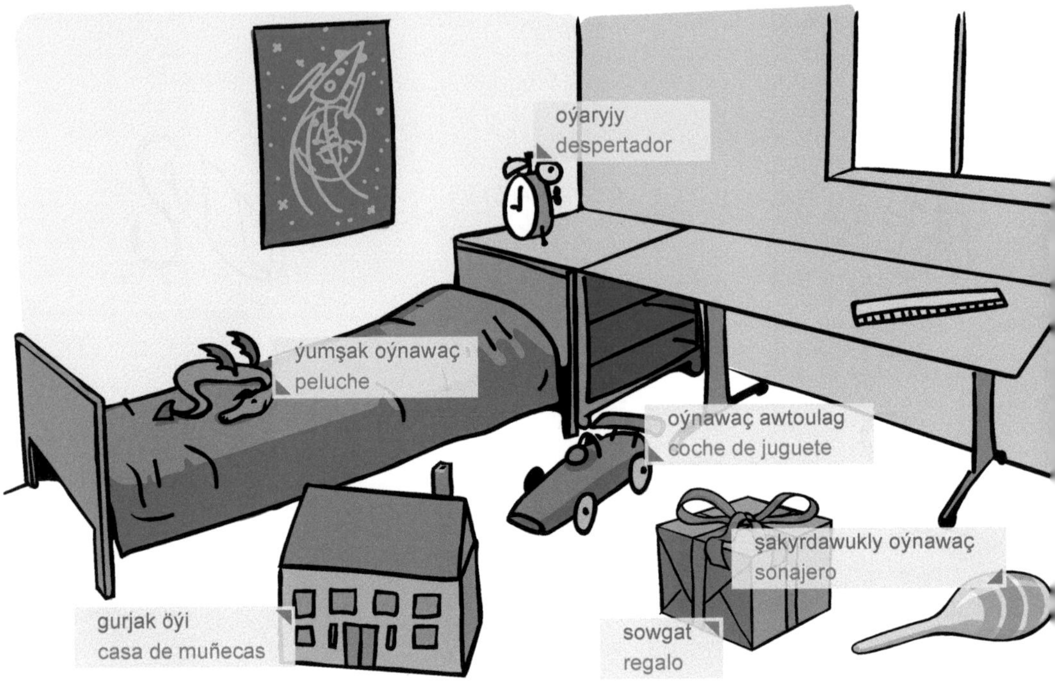

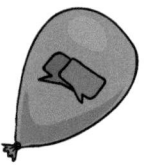

howaly şar

globo

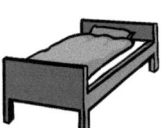

ýatakça

cama

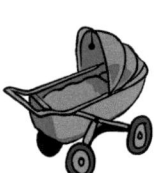

çaga arabasy

cochecito

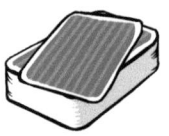

kart oýny

cartas

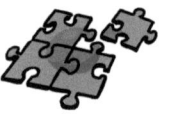

pazl

rompecabezas

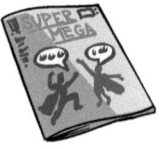

komiks

historieta

Lego kerpiçleri

piezas de lego

kubikler

ladrillos de juguete

oýnawaç şekil

figura de acción

agalar üçin joraply balak

enterito (de bebé)

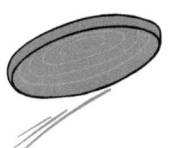
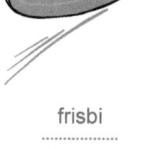

frisbi

frisbee

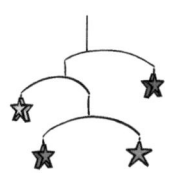

mobile

móvil para bebés

stolüsti oýun

juego de mesa

kubik

dados

demir ýolunyň modeli

tren eléctrico

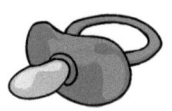

soska

chupete

şagalaň

fiesta

şekilli kitap

libro de cuentos ilustrado

top

pelota

gurjak

muñeca

oýnamak

jugar

çäge aýmança

arenero

hiňňildik

hamaca

oýnawaç

juguetes

oýun pristawkasy

consola de videojuegos

üç tigirli welosiped

triciclo

plýuşadan aýyjyk

osito de peluche

egin-eşik üçin şkaf

armario

egin-eşik

ropa

jorap

medias

çulki

medias panty

kolgotka

calzas

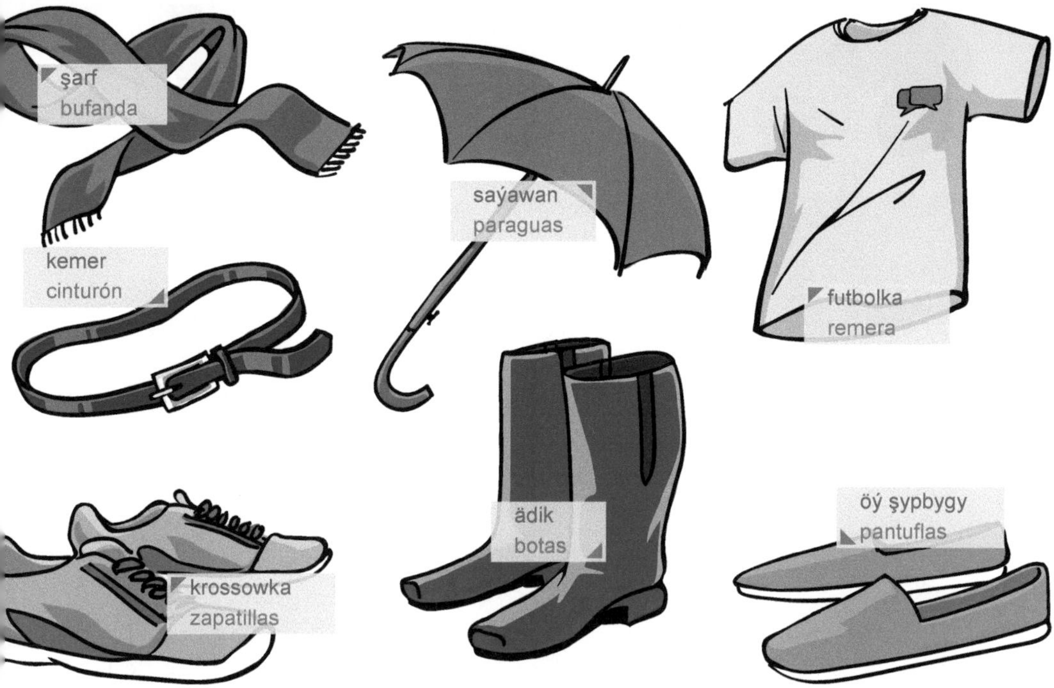

şarf
bufanda

saýawan
paraguas

futbolka
remera

kemer
cinturón

ädik
botas

öý şypbygy
pantuflas

krossowka
zapatillas

sandaliýa
....
sandalias

aýakgap
....
zapatos

rezin ädik
....
botas de goma

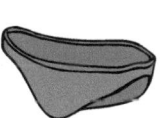

türsük
....
ropa interior

göwüslik
....
corpiño

maýka
....
chaleco

bodi

body

jalbar

pantalones

jins

jeans

ýubka

pollera

bluzka

blusa

köýnek

camisa

switer

pulóver

switer

buzo

sport keltekçesi

blazer

žaket

campera

palto

tapado

plaş

piloto

kostýum

traje

köýnek

vestido

toý köýnegi

vestido de novia

erkek üçin kostýum
....
traje

ýatyş köýnegi
....
camisón

pižama
....
pijama

sari
....
sari

ýaglyk
....
pañuelo para cabeza

selle
....
turbante

perenji
....
burka

kaftan
....
caftán

abaýa
....
abaya

suwa düşmek üçin lybas
....
traje de baño

plawki
....
short de baño

şorty
....
shorts

sport lybasy
....
jogging

öňlük
....
delantal

ellik
....
guantes

ilik

botón

äýnek

anteojos

bilezik

pulsera

zynjyr

collar

ýüzük

anillo

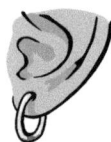

syrga

aro

papak

gorra

geýim asgyç

percha

şlýapa

sombrero

galstuk

corbata

syrma

cierre

şlem

casco

egnaşyr kemer

tiradores

mekdep lybasy

uniforme escolar

lybas

uniforme

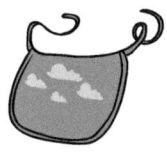

çaga döşlügi

babero

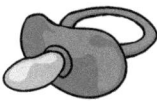

soska

chupete

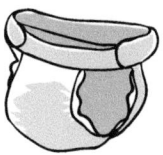

arlyk

pañal

ofis

oficina

serwer
servidor
kanselýariýa şkafy
archivero
printer
impresora
kagyz
papel
monitor
monitor
ýazuw stoly
escritorio
syçanjyk
mouse
papka
carpeta
klawiatura
teclado
kagyz üçin sebet
tacho (de basura)
oturgyç
silla
kompýuter
computadora

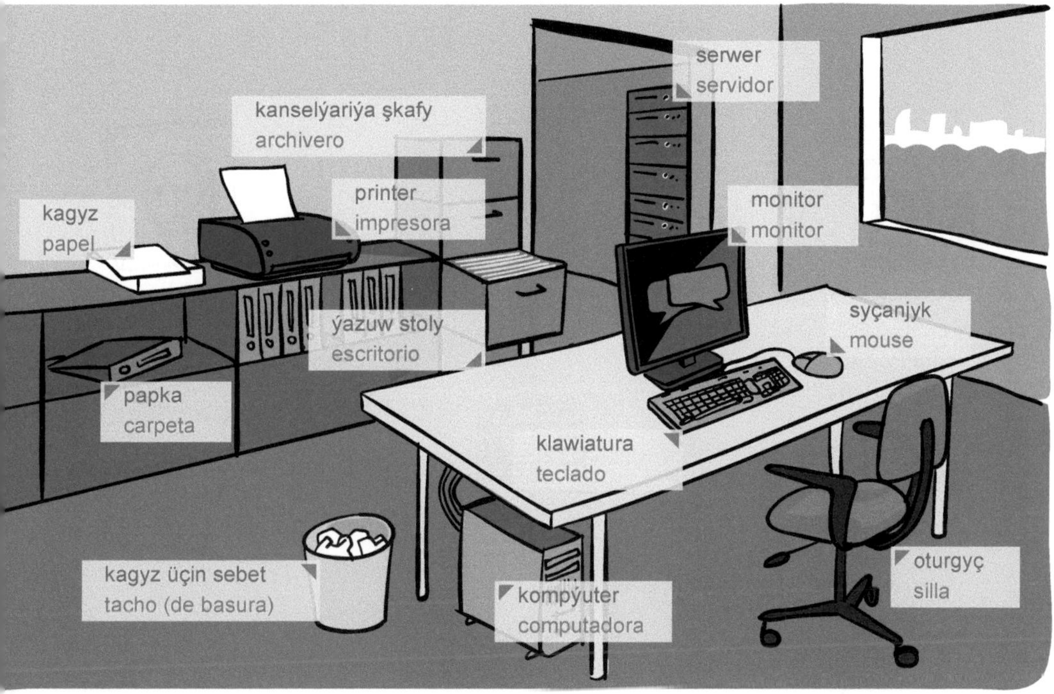

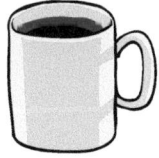

kofe kružkasy

taza de café

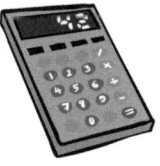

kalkulýator

calculadora

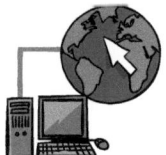

internet

internet

noutbuk

laptop

hat

carta

habar

mensaje

öýjükli telefon

celular

tor

red

kseroks

fotocopiadora

programma

software

telefon

teléfono

rozetka

tomacorriente

faks

fax

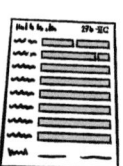

formulýar

formulario

resminama

documento

satyn almak

comprar

tölemek

pagar

söwda etmek

hacer negocios

pul

dinero

 **USD**

dollar

dólar

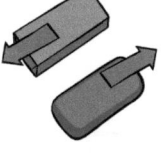 **EUR**

ýewro

euro

 **JPY**

iena

yen

 **RUB**

rubl

rublo

 **CHF**

frank

franco suizo

 **CNY**

ženminbi ýuan

yuan

 **INR**

rupiýa

rupia

bankomat

cajero automático

walýuta çalyşmak üçin bent

casa de cambio

altyn

oro

kümüş

plata

nebit

petróleo

energiýa

energía

baha

precio

şertnama

contrato

salgyt

impuesto

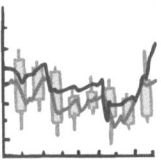

paýnama

acción

işlemek

trabajar

gullukçy

empleado

iş beriji

empleador

fabrik

fábrica

dükan

negocio

hünärler

ocupaciones

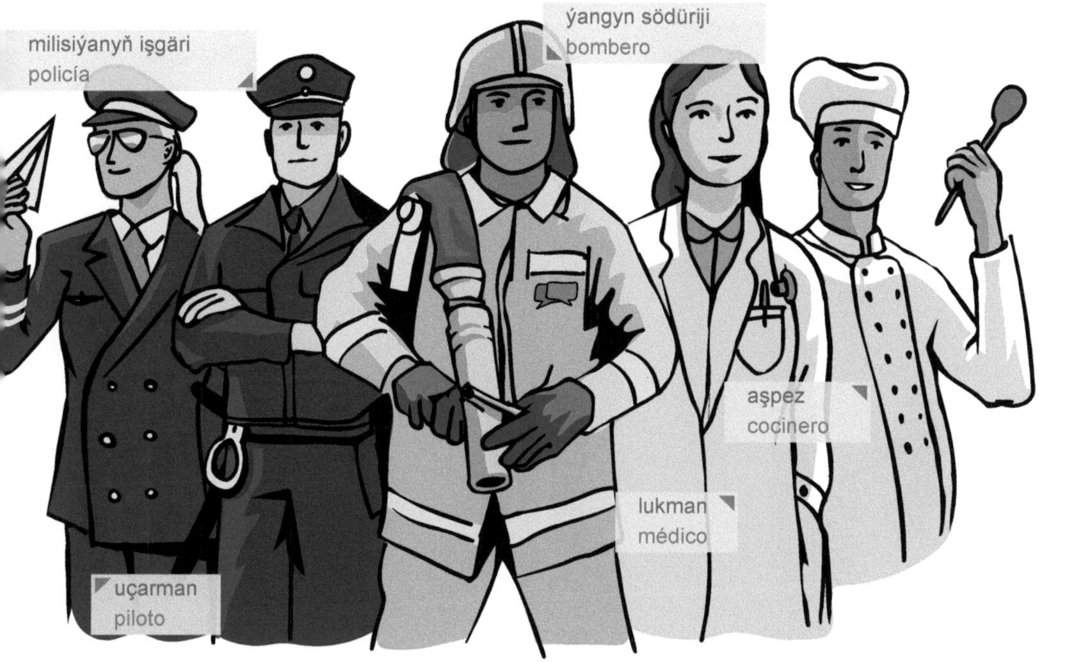
milisiýanyň işgäri
policía
ýangyn söndüriji
bombero
aşpez
cocinero
lukman
médico
uçarman
piloto

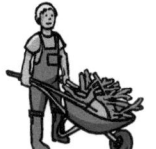

bagban

jardinero

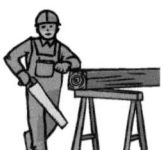

agaç ussasy

carpintero

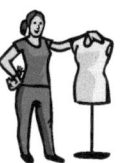

tikinçi

modista

kazy

juez

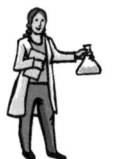

himik

farmacéutico

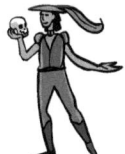

aktýor

actor

awtobus sürüjisi

colectivero

taksiçi

taxista

balykçy

pescador

tam süpüriji

mucama

üçek basyrýan ussa

techista

ofisiant

mozo

awçy

cazador

suratçy

pintor

çörekçi

panadero

elektrik

electricista

gurluşykçy

albañil

inžener

ingeniero

gassap

carnicero

santehnik

plomero

hatçy

cartero

esger

soldado

binagär

arquitecto

pulhanaçy

cajero

floraçy

florista

dellekçi

peluquero

konduktor

cobrador

mehanik

mecánico

kapitan

capitán

diş lukmany

dentista

alym

científico

rawwin

rabino

imam

imán

monah

monje

ruhany

sacerdote

gurallar
herramientas

çekiç
martillo
ýasy agyzly atagzy
tenaza
otwýortka
destornillador
gaýka açary
llave
jübü çyrasy
linterna

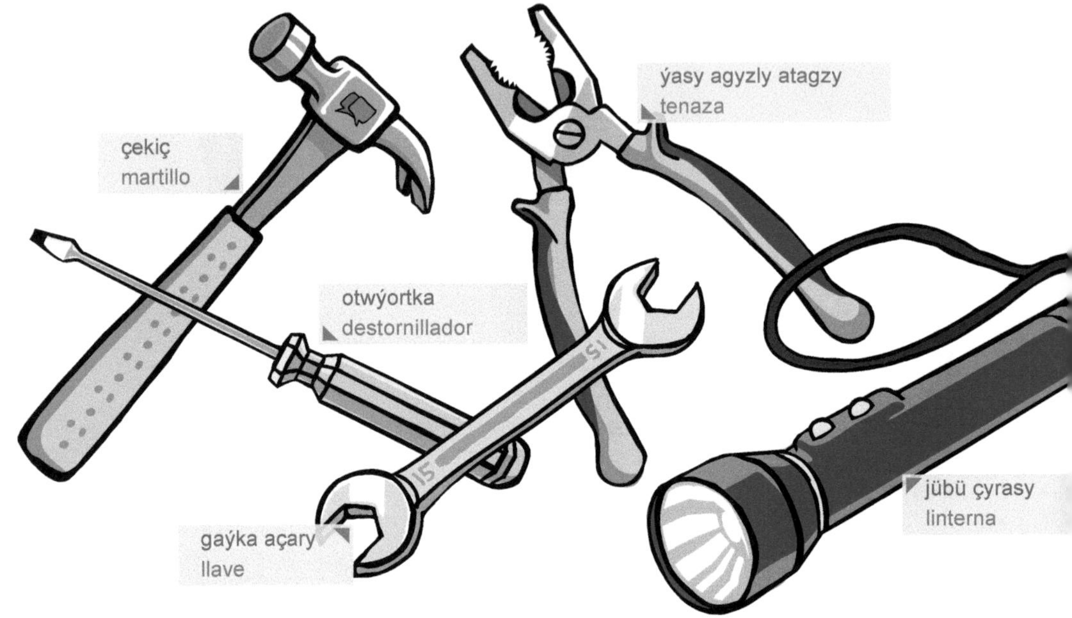

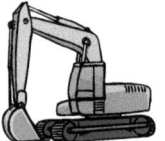

ekskawator

excavadora

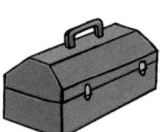

gurallar üçin gap

caja de herramientas

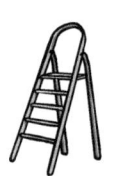

merdiwan

escalera portátil

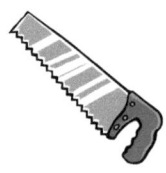

byçgy

sierra

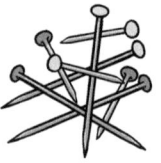

çüýler

clavos

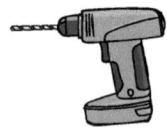

drel

taladro

abatlamak
....
arreglar

pil
....
pala de jardín

Bolmandyr!
....
¡Qué bronca!

susguç
....
pala de plástico

boýagly bedre
....
tacho de pintura

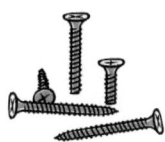

nurbatlar
....
tornillos

saz gurallary

instrumentos musicales

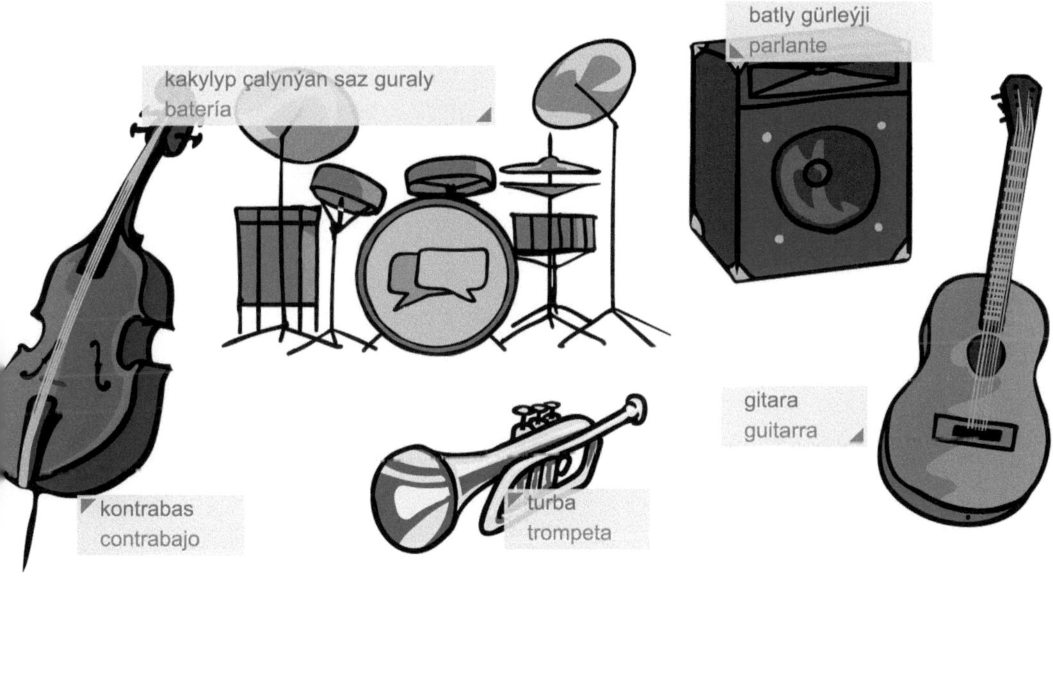

kakylyp çalynýan saz guraly
batería

batly gürleýji
parlante

gitara
guitarra

kontrabas
contrabajo

turba
trompeta

pianino

piano

skripka

violín

bas-gitara

bajo

nagara

timbales

deprek

tambor

sintezator

teclado

saksafon

saxofón

fleýta

flauta

mikrofon

micrófono

haýwanat bagy

zoológico

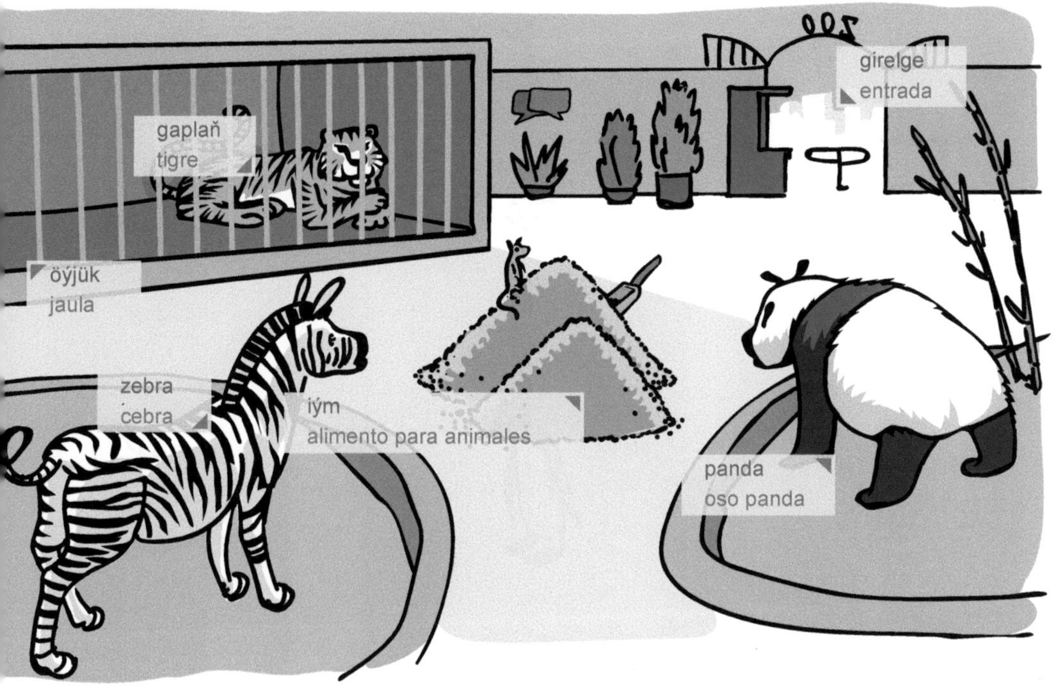

girelge
entrada
gaplaň
tigre
öýjük
jaula
zebra
cebra
iým
alimento para animales
panda
oso panda

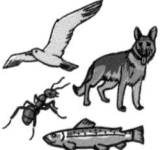

haýwanlar

animales

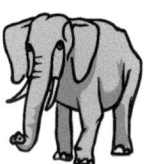

pil

elefante

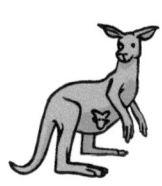

kenguru

canguro

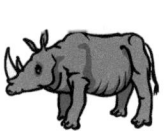

nosorog

rinoceronte

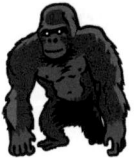

gorilla

gorila

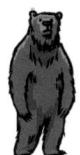

aýy

oso

düýe
camello

düýeguş
avestruz

ýolbars
león

maýmyn
mono

gyzylinjik
flamenco

hindiguş
loro

ak aýy
oso polar

pingwin
pingüino

akula
tiburón

tawus
pavo real

ýylan
serpiente

krokodil
cocodrilo

haýwanat bagynyň
gullukçysy
cuidador del zoológico

düwlen
foca

ýaguar
jaguar

poni
poni

gaplaň
leopardo

begemot
hipopótamo

žiraf
jirafa

bürgüt
águila

ýekegapan
jabalí

balyk
pescado

pyşbaga
tortuga

suwpişik
morsa

tilki
zorro

jeren
gacela

amerikan
fútbol americano

tigir sürmek
ciclismo

tennis
tenis

basketbol
básquet

ýüzme
natación

boks
boxeo

hokkeý
hockey sobre hielo

futbol
fútbol

badminton
bádminton

ýeňil atletika
atletismo

gandbol
handball

lyža sporty
esquí

polo
polo

hereket
actividades

gülmek
reír
bökmek
saltar
gujaklamak
abrazar
gitmek
caminar
aýdym aýtmak
cantar
arzuw etmek
soñar
dilemek
rezar
öpmek
besar

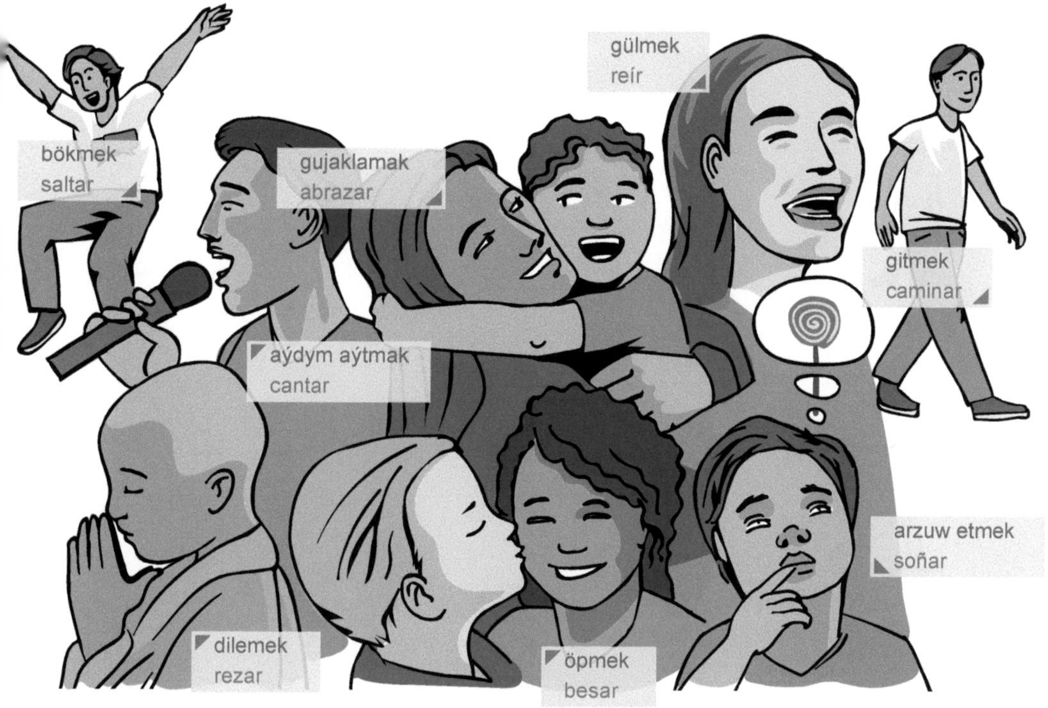

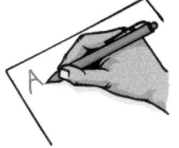

ýazmak

escribir

surat çekmek

dibujar

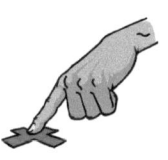

görkezmek

mostrar

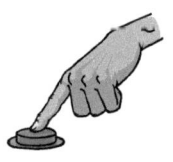

basmak

presionar

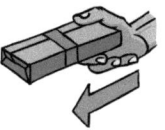

bermek

dar

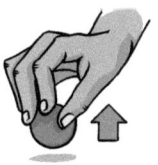

almak

tomar

eýe bolmak

tener

etmek

hacer

bolmak

ser

durmak

estar parado

ylgamak

correr

çekmek

tirar

taşlamak

tirar

gaçmak

caer

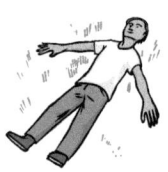

ýatmak

estar acostado

garaşmak

esperar

götermek

llevar

oturmak

estar sentado

geýmek

vestirse

ýatmak

dormir

oýanmak

despertar

görmek

mirar

aglamak

llorar

sypalamak

acariciar

daramak

peinar

gürlemek

hablar

düşünmek

entender

soramak

preguntar

diňlemek

escuchar

içmek

beber

iýmek

comer

tertipleşdirmek

ordenar

söýmek

amar

taýýarlmak

cocinar

gitmek

manejar

uçmak

volar

ýelkeni ýaýyp gitmek

navegar

hasaplamak

calcular

okamak

leer

okamak

aprender

işlemek

trabajar

nikalaşmak

casarse

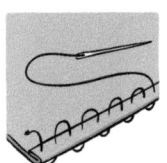

dikmek

coser

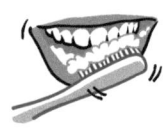

dişiňi arassalamak

cepillarse los dientes

öldürmek

matar

çilim çekmek

fumar

ugratmak

enviar

maşgala
familia

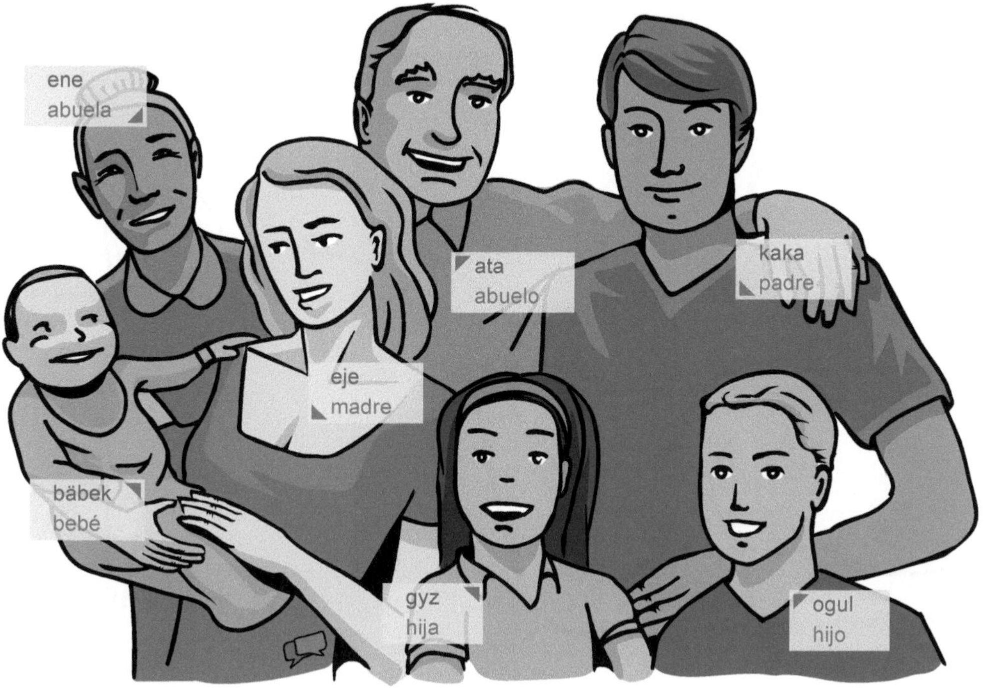
ene
abuela
ata
abuelo
kaka
padre
eje
madre
bäbek
bebé
gyz
hija
ogul
hijo

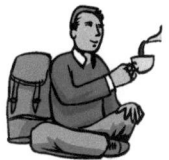

myhman

invitado

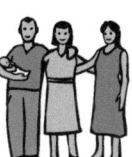

daýza

tía

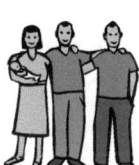

daýy

tío

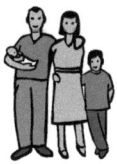

aga

hermano

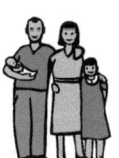

uýa

hermana

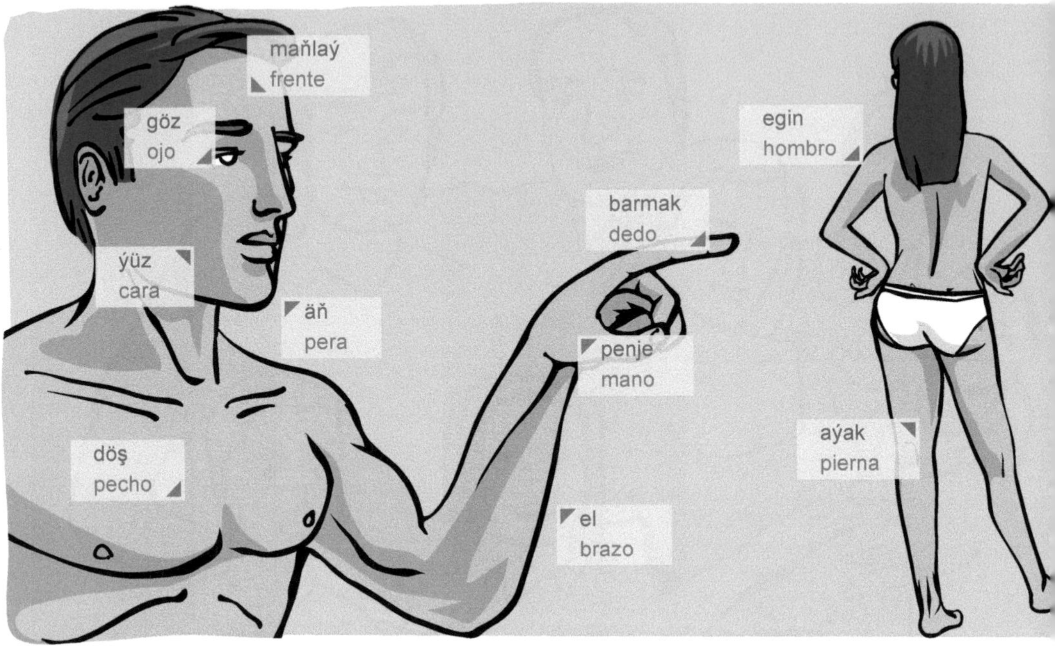

mañlaý
frente

göz
ojo

egin
hombro

barmak
dedo

ýüz
cara

äň
pera

penje
mano

döş
pecho

aýak
pierna

el
brazo

bäbek
....
bebé

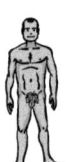

erkek
....
hombre

aýal
....
mujer

gyz
....
nena

oglan
....
nene

kelle
....
cabeza

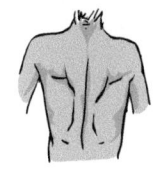

arka

espalda

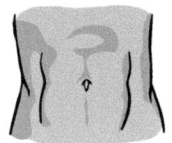

garyn

panza

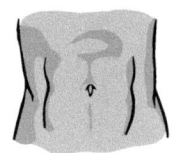

göbek

ombligo

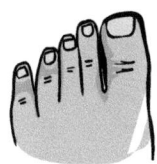

aýak barmagy

dedo del pie

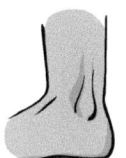

ökje

talón

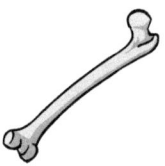

süňk

hueso

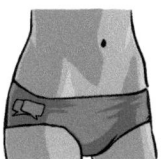

but

cadera

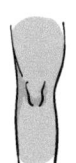

dyz

rodilla

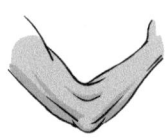

tirsek

codo

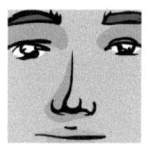

burun

nariz

ýanbaş

cola

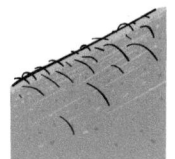

deri

piel

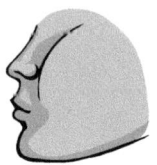

ýaňak

cachete

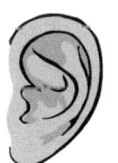

gulak

oreja

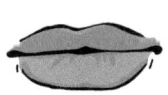

dodak

labio

agyz

boca

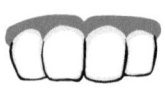

diş

diente

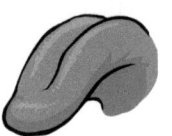

dil

lengua

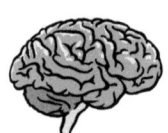

beýni

cerebro

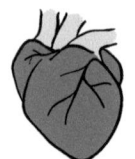

ýürek

corazón

myşsa

músculo

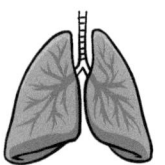

öýken

pulmón

bagyr

hígado

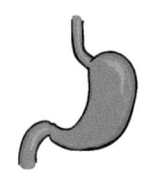

aşgazan

estómago

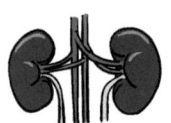

böwrek

riñones

jyns ýakynlygy

sexo

prezerwatiw

preservativo

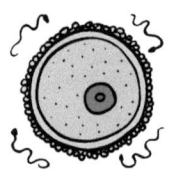

erkeklik jyns öýjügi

óvulo

tohumlyk

semen

göwrelilik

embarazo

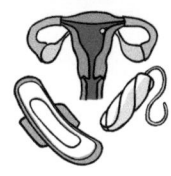

bil açylma

menstruación

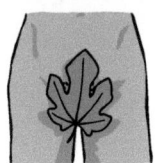

wagina

vagina

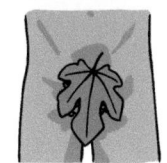

erkek jyns agzasy

pene

gaş

ceja

saç

pelo

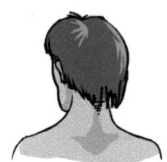

boýun

cuello

hassahana
hospital

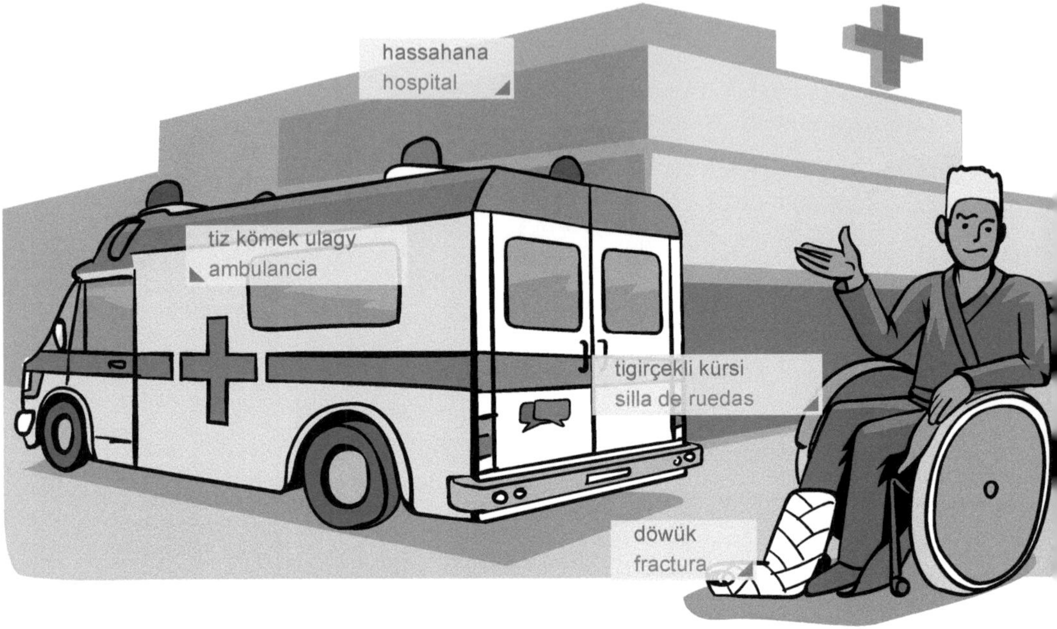

hassahana
hospital
tiz kömek ulagy
ambulancia
tigirçekli kürsi
silla de ruedas
döwük
fractura

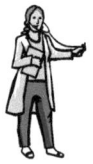

lukman

médico

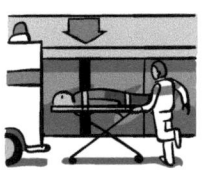

ilkinji kömek nokady

sala de guardia

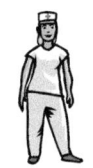

şepagat uýasy

enfermera

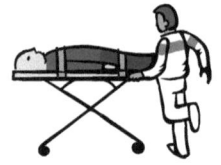

gaýragoýulmasyz ýagdaý

emergencia

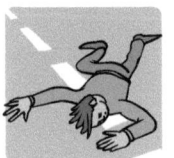

özüni bilmän

inconsciente

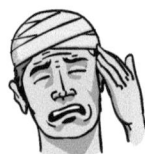

agyry

dolor

zeper ýetme

lesión

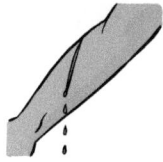

gan akmasy

hemorragia

infarkt

infarto

insult

ACV

allergiýa

alergia

üsgülik

tos

ýokarlanan temperatura

fiebre

dümew

gripe

içgeçme

diarrea

kelle agyrysy

dolor de cabeza

rak

cáncer

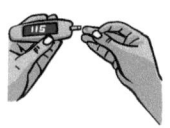

diabet

diabetes

hirurg

cirujano

skalpel

bisturí

operasiýa

operación

iýmit siňdirýän ortlaryň jemi

TC

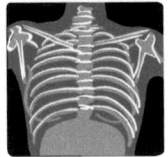

rentgen

rayos x

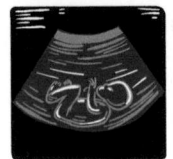

ultrases

ecografía

maska

barbijo

kesel

enfermedad

kabulhana

sala de espera

pişek

muleta

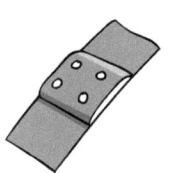

plastyr

curita

bint

venda

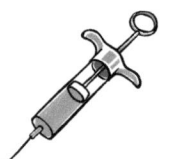

sanjym

inyección

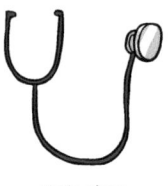

stetoskop

estetoscopio

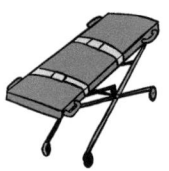

zemmer

camilla

termometr

termómetro

dogluş

nacimiento

artykmaç agram

sobrepeso

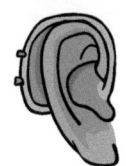

eşidiş abzaly

audífono

zyýansyzlandyryjy serişde

desinfectante

ýokanç

infección

wirus

virus

WIÇ/ AIDS

VIH / SIDA

derman

remedio

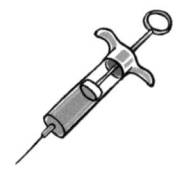

öňüni alyş sanjymy

vacunación

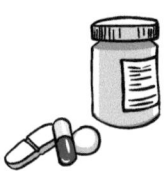

gerdejikler

comprimidos

göwreli bolmakdan goraýan gerdejik

pastilla anticonceptiva

aýragoýulmasyz çagyryş

lamada de emergencia

gan basyşyny ölçeýji abzal

tensiómetro

näsag / sagdyn

enfermo / sano

Kömek ediň!

¡Ayuda!

howsala signaly

alarma

çozuş

agresión

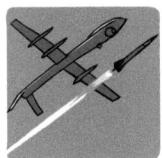

hüjüm

ataque

howp

peligro

ätiýaçlyk çykalgasy

salida de emergencia

Ýangyn!

¡Fuego!

ot söndürijisi

matafuego

betbagtçylykly ýagdaý

accidente

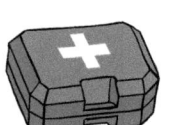

derman gutujygy

botiquín de primeros
auxilios

SOS

SOS

milisiýa

policía

Ýewropa

Europa

Demirgazyk Amerika

América del Norte

Günorta Amerika

América del Sur

Afrika

África

Aziýa

Asia

Awstraliýa

Australia

Atlantika ummany

Atlántico

Ýuwaş umman

Pacífico

Hindi ummany

Océano Índico

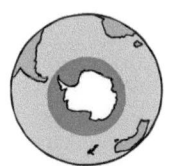

Antarktika ummany

Océano Antártico

Demirgazyk Buzly umman

Océano Ártico

Demirgazyk polýusy

polo norte

Günorta polýusy

polo sur

Antarktida

Antártida

zemin

Tierra

gury ýer

tierra

deňiz

mar

ada

isla

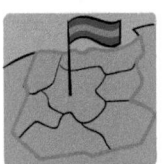

millet

nación

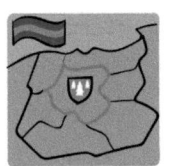

döwlet

estado

siferblat

esfera

sagadyň dili

manecilla de las horas

minut görkezýän dil

minutero

sekundy görkezýän dil

segundero

sagat näçe?

¿Qué hora es?

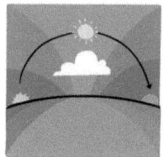

gün

día

wagt

hora

häzir

ahora

elektron sagady

reloj digital

minut

minuto

sagat

hora

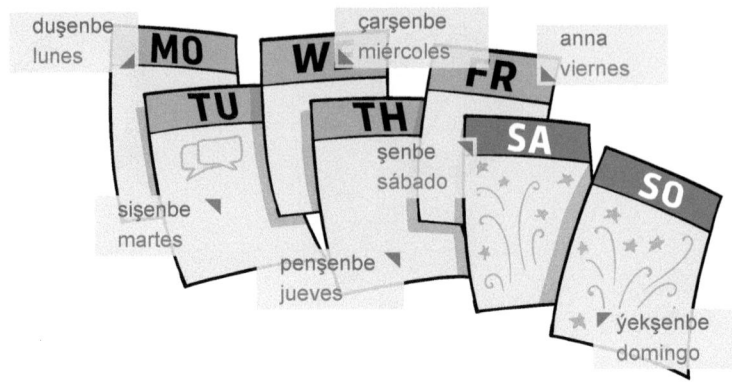

duşenbe / lunes — MO
çarşenbe / miércoles — W
anna / viernes — FR
sişenbe / martes — TU
TH — şenbe / sábado
SA
penşenbe / jueves
SO
yekşenbe / domingo

düýn
ayer

şu gün
hoy

ertir
mañana

säher
mañana

günortan
mediodía

agşamlyk
tarde

MO	TU	WE	TH	FR	SA	SU
1	2	3	4	5	6	7
8	9	10	11	12	13	14
15	16	17	18	19	20	21
22	23	24	25	26	27	28
29	30	31	1	2	3	4

iş günler
días hábiles

MO	TU	WE	TH	FR	SA	SU
1	2	3	4	5	6	7
8	9	10	11	12	13	14
15	16	17	18	19	20	21
22	23	24	25	26	27	28
29	30	31	1	2	3	4

dynç günler
fin de semana

ýyl

año

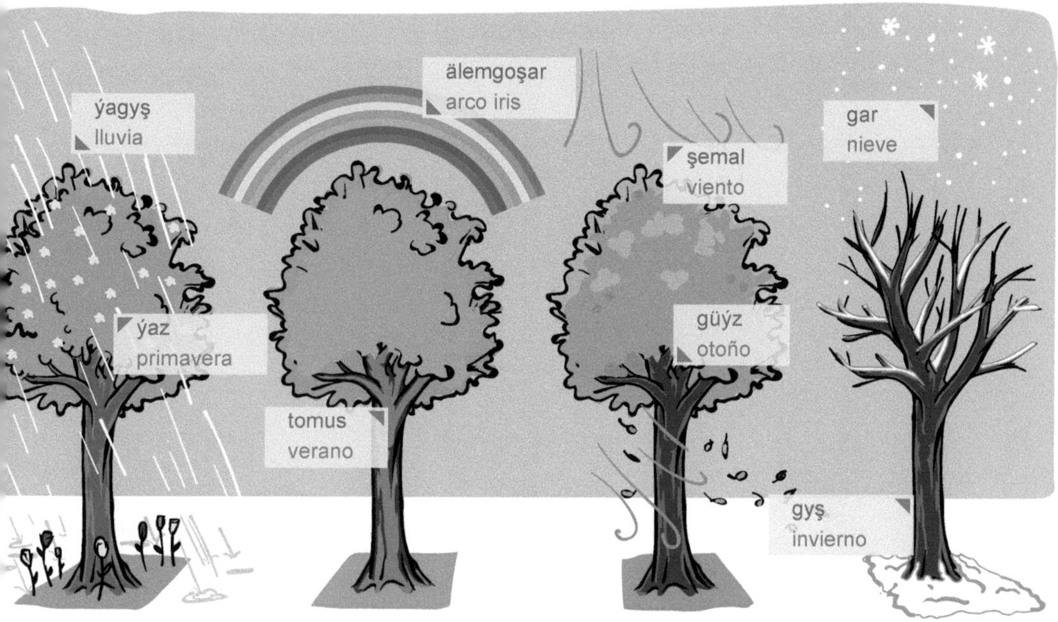
ýagyş
lluvia
älemgoşar
arco iris
gar
nieve
şemal
viento
ýaz
primavera
güýz
otoño
tomus
verano
gyş
invierno

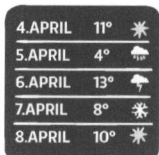

4.APRIL 11°
5.APRIL 4°
6.APRIL 13°
7.APRIL 8°
8.APRIL 10°

howa maglumaty
....
ronóstico meteorológico

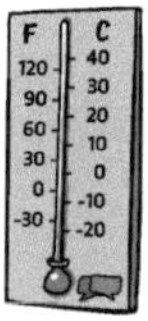
F
C
120
90
60
30
0
-30
40
30
20
10
0
-10
-20

termometr
....
termómetro

gün ýagtylygy
....
luz del sol

gara bulut
....
nube

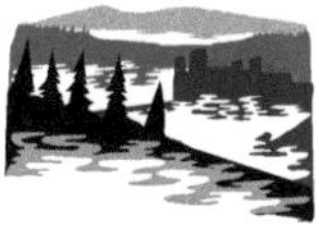

ümür
....
niebla

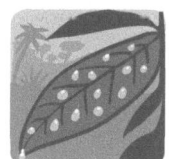

howanyň çyglylygy
....
humedad

ýyldyrym

rayo

gök gümmürdisi

trueno

tupan

tormenta

doly

granizo

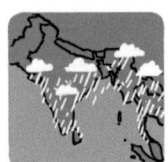

musson

monzón

suw alma

inundación

buz

hielo

ýanwar

enero

fewral

febrero

mart

marzo

aprel

abril

maý

mayo

iýun

junio

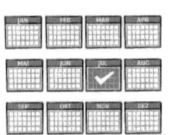

iýul

julio

awgust

agosto

ýyl - año

sentýabr
....
septiembre

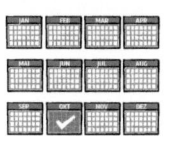

oktýabr
....
octubre

noýabr
....
noviembre

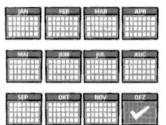

dekabr
....
diciembre

formas

tegelek
....
círculo

kwadrat
....
cuadrado

göniburçluk
....
rectángulo

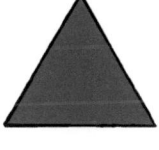

üçburçluk
....
triángulo

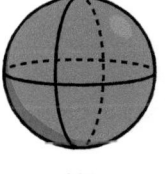

şar
....
esfera

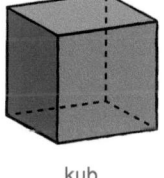

kub
....
cubo

ak

blanco

sary

amarillo

mämişi

naranja

gülgüne

rosa

gyzyl

rojo

liliýa reňkli

violeta

gök

azul

ýaşyl

verde

goňur

marrón

çal

gris

gara

negro

köp / az

mucho / poco

gazaply / asuda

enojado / tranquilo

owadan / betnyşan

lindo / feo

başy / soňy

principio / fin

uly / kiçi

grande / chico

açyk / garaňky

claro / oscuro

glan dogan / gyz dogan

hermano / hermana

arassa / hapa

limpio / sucio

doly / doly däl

completo / incompleto

gündiz / gije

día / noche

jansyz / diri

muerto / vivo

giň / dar

ancho / angosto

iÿilÿän / iÿilmeÿän

comestible / no comestible

gaharly / dostlukly

malo / amable

tolgunly / tukat

entusiasmado / aburrido

çişik / hor

gordo / flaco

başda / soňunda

primero / último

dost / duşman

amigo / enemigo

doly / boş

lleno / vacío

berk / ÿumşak

duro / blando

agyr / ÿeňil

pesado / liviano

açlyk / teşnelik

hambre / sed

näsag / sagdyn

enfermo / sano

bikanun / kanuny

ilegal / legal

akyly / akmak

inteligente / estúpido

çepde / sagda

izquierda / derecha

ÿakyn / daş

cerca / lejos

täze / ulanylan

nuevo / usado

hiç zat / bir zat

nada / algo

garry / ýaş

viejo / joven

ýakylan / söndürilen

encendido / apagado

açyk / ýapyk

abierto / cerrado

ýuwaş / gaty

silencioso / ruidoso

baý / garyp

rico / pobre

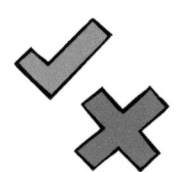

dogry / nädogry

correcto / incorrecto

büdür-südür / tekiz

áspero / suave

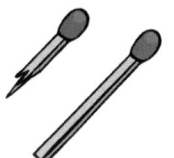

gamgyly / şatlykly

triste / contento

gysga / uzyn

corto / largo

haýal / tiz

lento / rápido

öl / gury

mojado / seco

ýyly / sowuk

caliente / frío

uruş / parahatçylyk

guerra / paz

garşylykly - opuestos

números

0

nul

cero

1

bir

uno

2

iki

dos

3

üç

tres

4

dört

cuatro

5

bäş

cinco

6

alty

seis

7

ýedi

siete

8

sekiz

ocho

9

dokuz

nueve

10

on

diez

11

on bir

once

12
on iki
doce

13
on üç
trece

14
on dört
catorce

15
on bäş
quince

16
on alty
dieciséis

17
on ýedi
diecisiete

18
on sekiz
dieciocho

19
on dokuz
diecinueve

20
ýigrimi
veinte

100
ýüz
cien

1.000
müň
mil

1.000.000
million
millón

iñlis

inglés

amerikan iñlis

inglés americano

mandarin hytaý

chino mandarín

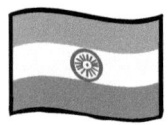

hindi

hindi

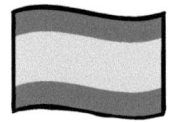

ispan

español

fransuz

francés

arap

árabe

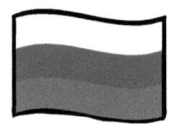

rus

ruso

portugal

portugués

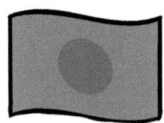

bengal

bengalí

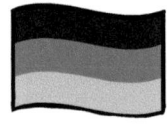

nemes

alemán

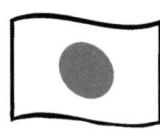

ýapon

japonés

men
....
yo

sen
....
vos

ol (oglan) / ol (gyz) / ol
(jansyz zat)
....
él / ella

biz
....
nosotros

siz
....
ustedes

olar
....
ellos

kim?
....
¿quién?

näme?
....
¿qué?

nähili?
....
¿cómo?

nirede?
....
¿dónde?

haçan?
....
¿cuándo?

ady
....
nombre

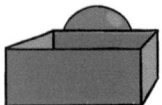

yzynda

detrás

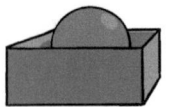

içinde

en

öňünde

adelante de

bir zadyň üsti

por encima de

üstünde

sobre

aşagynda

debajo de

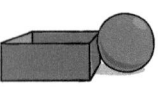

ýanynda

al lado de

arasynda

entre

ýer

lugar